Impressum
Verlag: BABADADA GmbH, Nedderfeld 112 , 22529 Hamburg
Geschäftsführer / Verlagsleitung: Harald Hof
Druck: Books on Demand GmbH, In de Tarpen 42, 22848 Norderstedt

Imprint
Publisher: BABADADA GmbH, Nedderfeld 112 , 22529 Hamburg, Germany
Managing Director / Publishing direction: Harald Hof
Print: Books on Demand GmbH, In de Tarpen 42, 22848 Norderstedt

skola

school

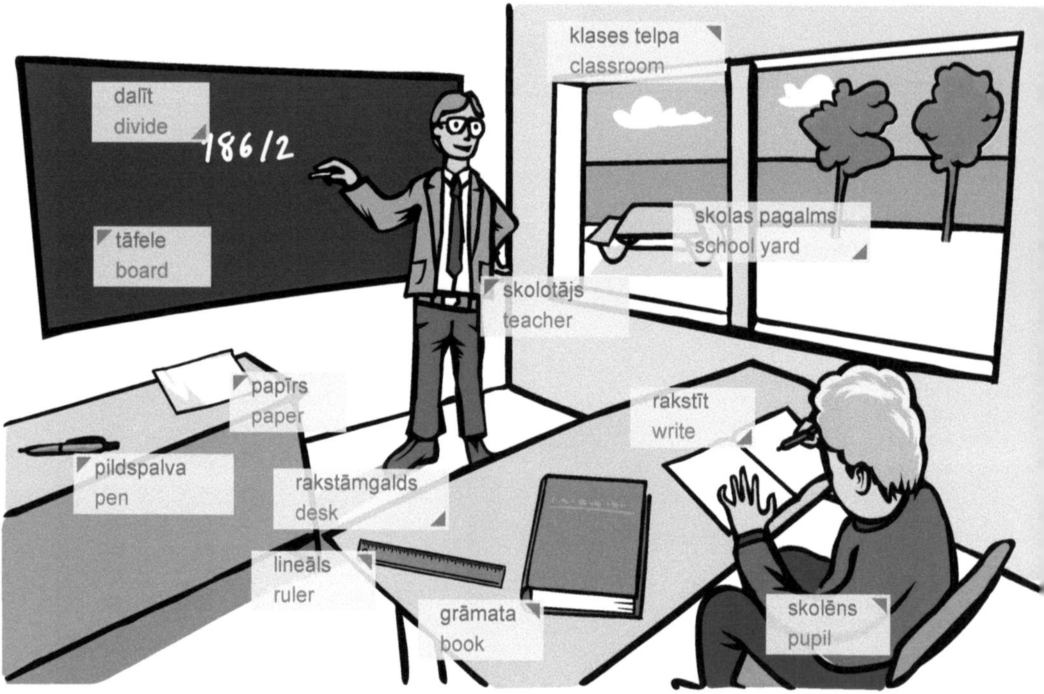
klases telpa
classroom
dalīt
divide
186/2
tāfele
board
skolas pagalms
school yard
skolotājs
teacher
papīrs
paper
rakstīt
write
pildspalva
pen
rakstāmgalds
desk
lineāls
ruler
grāmata
book
skolēns
pupil

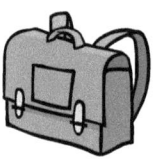

skolas soma

satchel

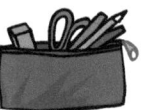

penālis

pencil case

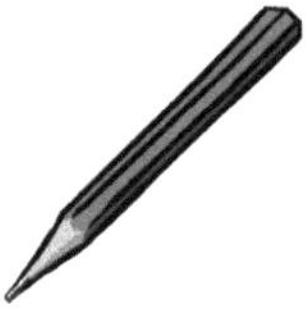

zīmulis

pencil

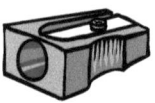

zīmuļu asināmais

pencil sharpener

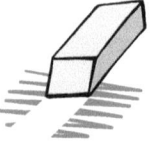

dzēšgumija

rubber

zīmēšanas bloks

drawing pad

zīmējums

drawing

ota

paintbrush

krāsas

paint box

šķēres

scissors

līme

glue

darba burtnīca

exercise book

mājas darbs

homework

skaitlis

number

saskaitīt

add

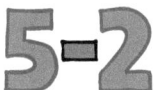

atņemt

subtract

reizināt

multiply

rēķināt

calculate

burts

letter

alfabēts

alphabet

vārds

word

teksts

text

lasīt

read

krīts

chalk

mācību stunda

lesson

žurnāls

register

eksāmens

exam

liecība

certificate

skolas forma

school uniform

izglītība

education

enciklopēdija

encyclopedia

universitāte

university

mikroskops

microscope

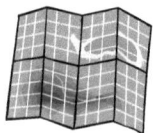

karte

map

papīrgrozs

waste-paper basket

ceļojums
travel

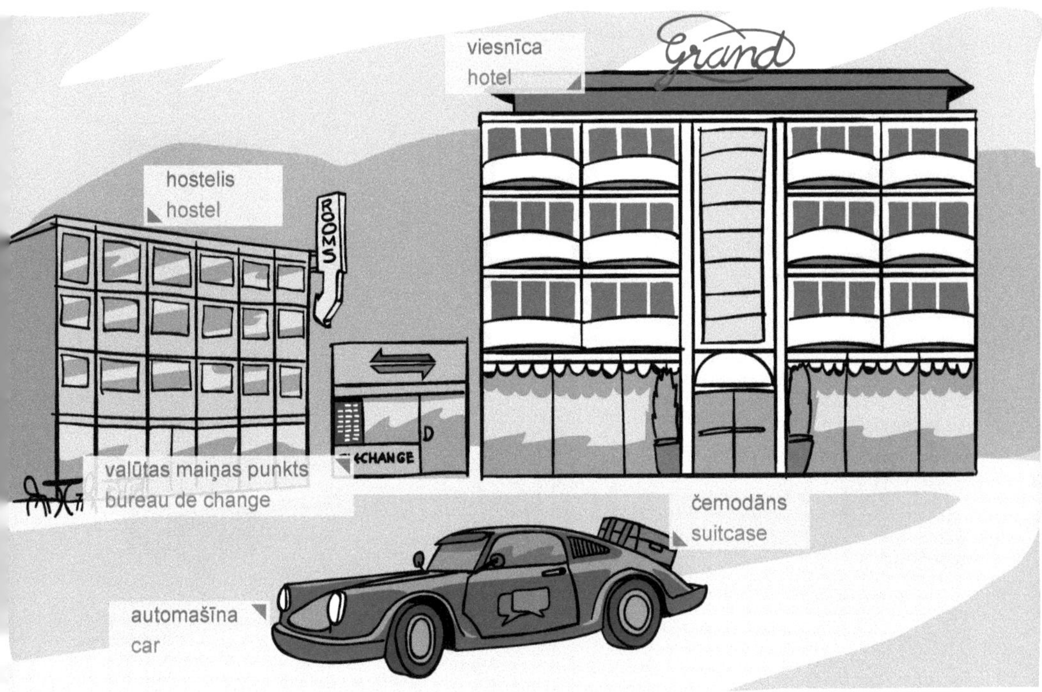
Grand
viesnīca
hotel
hostelis
hostel
ROOMS
valūtas maiņas punkts
bureau de change
€CHANGE
čemodāns
suitcase
automašīna
car

Valoda

language

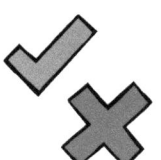

jā / nē

yes / no

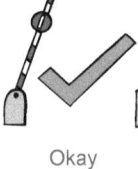

Okay

Okay

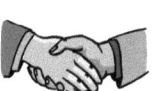

Sveiki!

hello

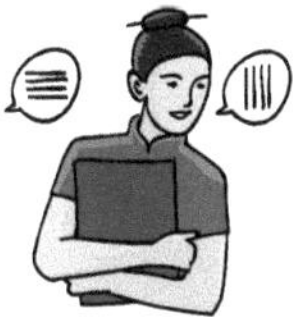

tulks

translator

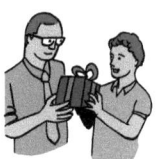

paldies

Thank you

Cik maksā...?

how much is...?

Es nesaprotu

I do not understand

problēma

problem

Labvakar!

Good evening!

Labrīt!

Good morning!

Ar labu nakti!

Good night!

Uz redzēšanos

bye bye

virziens

direction

bagāža

luggage

soma

bag

mugursoma

backpack

viesis

guest

istaba

room

guļammaiss

sleeping bag

telts

tent

ceļojums - travel

tūrisma informācija

tourist information

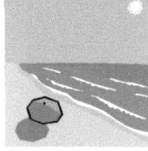

pludmale

beach

kredītkarte

credit card

brokastis

breakfast

pusdienas

lunch

vakariņas

dinner

biļete

ticket

lifts

lift

pastmarka

stamp

robeža

border

muita

customs

vēstniecība

embassy

vīza

visa

pase

passport

transports

transport

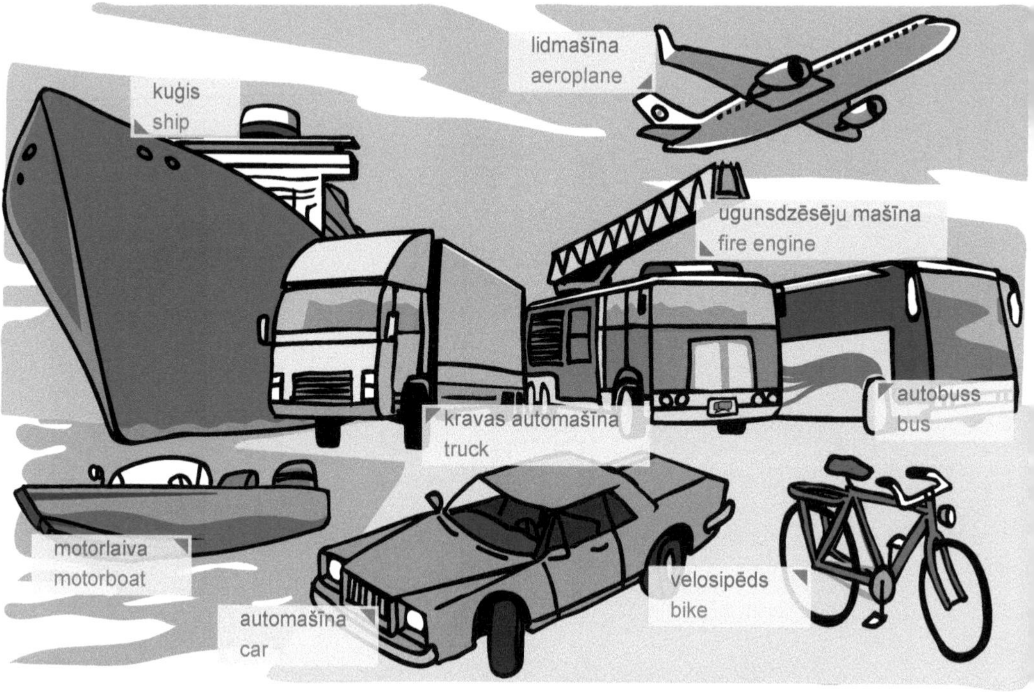
lidmašīna
aeroplane
kuģis
ship
ugunsdzēsēju mašīna
fire engine
autobuss
bus
kravas automašīna
truck
motorlaiva
motorboat
velosipēds
bike
automašīna
car

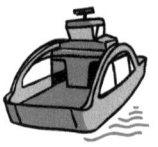

prāmis

ferry

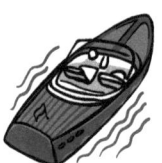

laiva

boat

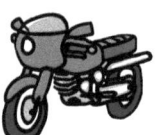

motocikls

motorbike

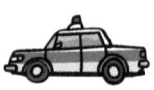

policijas automašīna

police car

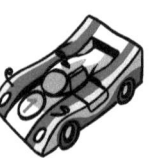

sacīkšu automobilis

racing car

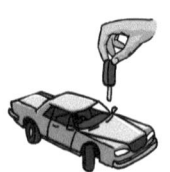

nomas auto

rental car

auto koplietošana

car sharing

evakuators

breakdown truck

atkritumu mašīna

refuse truck

dzinējs

motor

benzīns

fuel

degvielas uzpildes stacija

petrol station

ceļa zīme

traffic sign

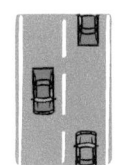

satiksme

traffic

sastrēgums

traffic jam

stāvvieta

car park

dzelzceļa stacija

train station

sliedes

tracks

vilciens

train

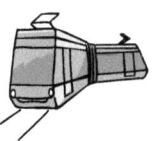

tramvajs

tram

vagons

carriage

helikopters
helicopter

lidosta
airport

tornis
tower

pasažieris
passenger

konteiners
container

kaste
carton

ratiņi
cart

grozs
basket

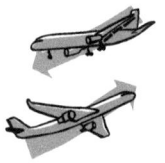

pacelties / nosēsties
take off / land

pilsēta
city

ciems
village

pilsētas centrs
city centre

māja
house

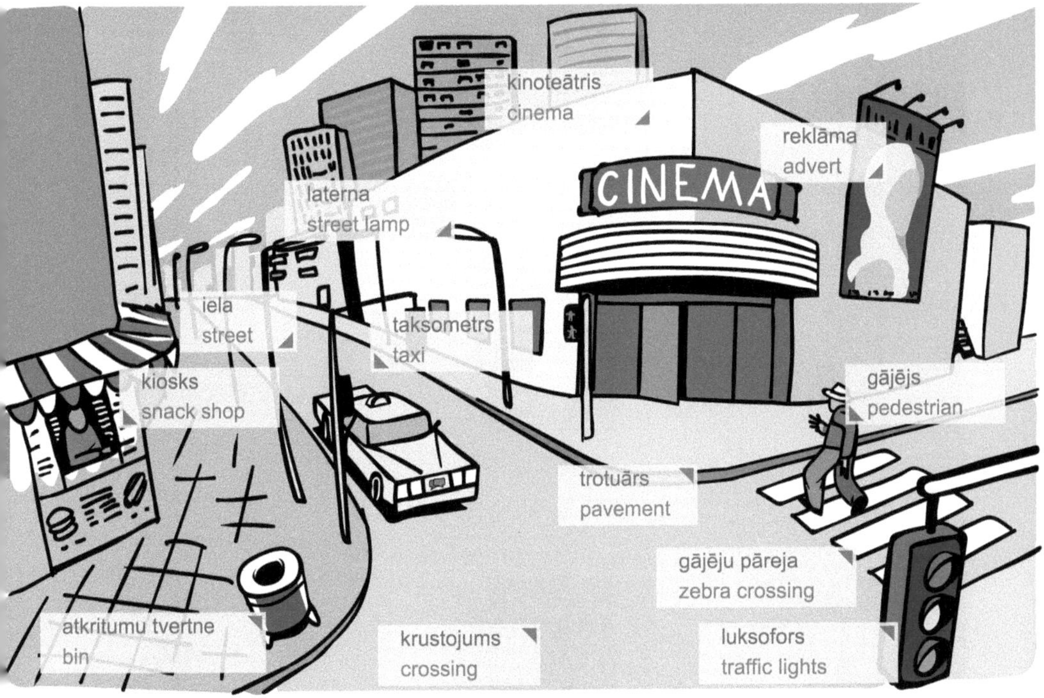

kinoteātris
cinema

reklāma
advert

laterna
street lamp

CINEMA

iela
street

taksometrs
taxi

gājējs
pedestrian

kiosks
snack shop

trotuārs
pavement

gājēju pāreja
zebra crossing

atkritumu tvertne
bin

krustojums
crossing

luksofors
traffic lights

būda

hut

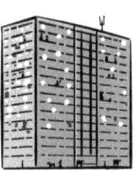

dzīvoklis

flat

dzelzceļa stacija

train station

rātsnams

town hall

muzejs

museum

skola

school

pilsēta - city

universitāte

university

banka

bank

slimnīca

hospital

viesnīca

hotel

aptieka

pharmacy

birojs

office

grāmatnīca

book shop

veikals

shop

ziedu veikals

florist's

lielveikals

supermarket

tirgus

market

tirdzniecības centrs

department store

zivju tirgotājs

fishmonger's

tirdzniecības centrs

shopping centre

osta

harbour

parks

park

sols

bench

tilts

bridge

kāpnes

stairs

metro

underground

tunelis

tunnel

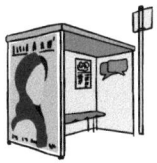

autobusa pieturvieta

bus stop

bārs

bar

restorāns

restaurant

pastkastīte

postbox

ielas nosaukuma plāksne

street sign

stāvlaika skaitītājs

parking meter

zooloģiskais dārzs

zoo

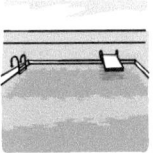

peldbaseins

swimming pool

mošeja

mosque

zemnieku saimniecība

farm

vides piesārņojums

pollution

kapsēta

graveyard

baznīca

church

spēļu laukums

playground

templis

temple

ainava
landscape

lapa
leaf

ceļrādis
signpost

ceļš
way

pļava
meadow

akmens
stone

koks
tree

ceļotājs
hiker

upe
river

zāle
grass

puķe
flower

ieleja
valley

kalns
hill

ezers
lake

mežs
forest

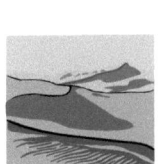

tuksnesis
desert

vulkāns
volcano

pils
castle

varavīksne
rainbow

sēne
mushroom

palma
palm tree

moskīts
mosquito

muša
fly

skudra
ant

bite
bee

zirneklis
spider

vabole

beetle

varde

frog

vāvere

squirrel

ezis

hedgehog

zaķis

hare

pūce

owl

putns

bird

gulbis

swan

meža cūka

boar

briedis

deer

alnis

moose

aizsprosts

dam

vēja ģenerators

wind turbine

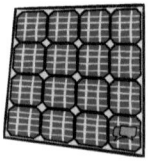

saules baterija

solar panel

klimats

climate

restorāns
restaurant

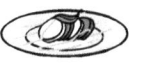

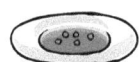

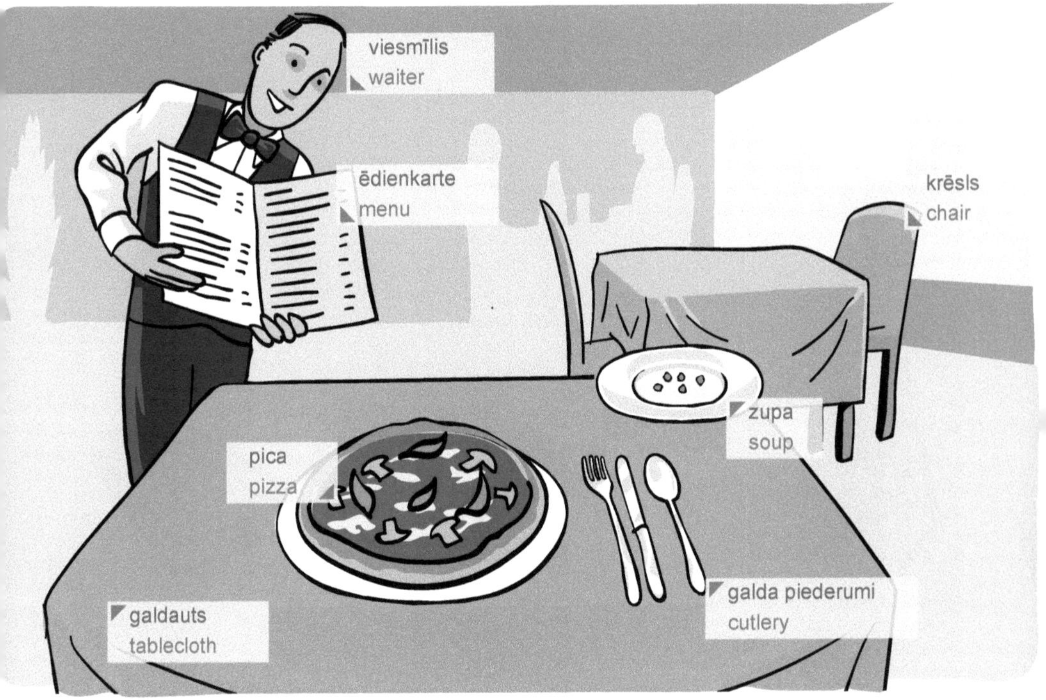
viesmīlis
waiter
ēdienkarte
menu
krēsls
chair
zupa
soup
pica
pizza
galdauts
tablecloth
galda piederumi
cutlery

uzkoda

starter

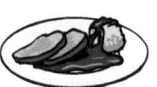

pamatēdiens

main course

deserts

dessert

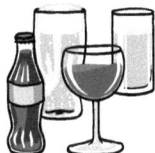

dzērieni

drinks

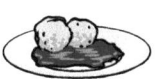

ēdiens

food

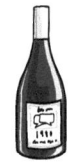

pudele

bottle

ātrās uzkodas

fast food

ielu uzkodas

street food

tējkanna

teapot

cukurtrauks

sugar bowl

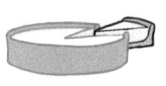

porcija

portion

espresso kafijas automāts

espresso machine

bāra krēsls

high chair

rēķins

bill

paplāte

tray

nazis

knife

dakša

fork

karote

spoon

tējkarote

teaspoon

salvete

serviette

glāze

glass

restorāns - restaurant

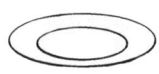

šķīvis

plate

zupas šķīvis

soup plate

apakštase

saucer

mērce

sauce

sāls trauciņš

salt pot

piparu dzirnaviņas

pepper mill

etiķis

vinegar

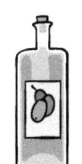

eļļa

oil

garšvielas

spices

kečups

ketchup

sinepes

mustard

majonēze

mayonnaise

lielveikals
supermarket

piedāvājums
special offer
FOR
klients
customer
piena produkti
dairy
augļi
fruit
iepirkumu ratiņi
trolley

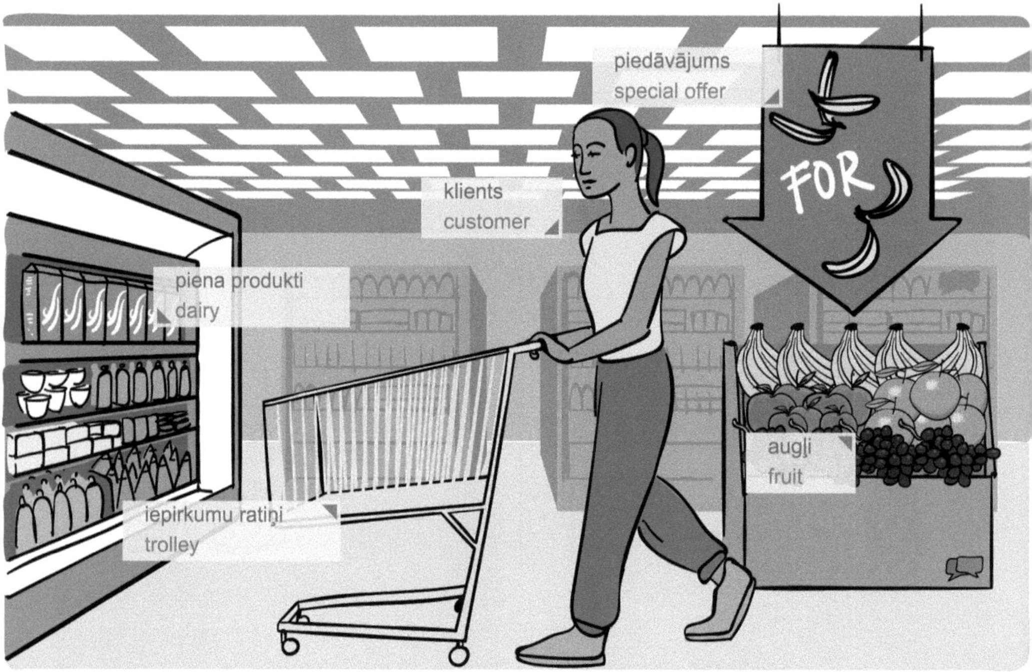

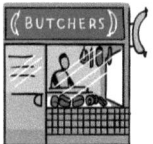

BUTCHERS

kautuve

butcher´s

BAKERY

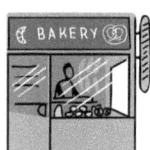

maizes veikals

baker´s

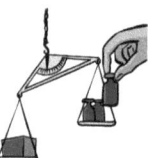

svērt

weigh

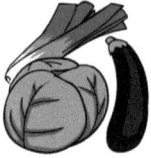

dārzeņi

vegetables

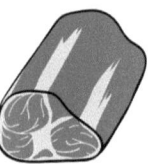

gaļa

meat

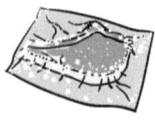

saldēti produkti

frozen food

aukstās gaļas uzkodas

cold meat

konservi

tinned food

pulveris

washing powder

saldumi

sweets

mājsaimniecības preces

household products

tīrīšanas līdzeklis

cleaning products

pārdevēja

salesperson

kase

till

kasieris

cashier

iepirkumu saraksts

shopping list

darba laiks

opening hours

maks

wallet

kredītkarte

credit card

soma

bag

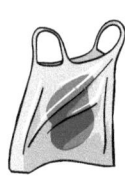

maisiņš

plastic bag

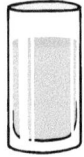

ūdens

water

sula

juice

piens

milk

kola

coke

vīns

wine

alus

beer

alkohols

alcohol

kakao

cocoa

tēja

tea

kafija

coffee

espresso

espresso

kapučīno

cappuccino

banāns

banana

ābols

apple

apelsīns

orange

melone

melon

citrons

lemon

burkāns

carrot

ķiploks

garlic

bambuss

bamboo

sīpols

onion

sēne

mushroom

rieksti

nuts

makaroni

noodles

spageti

spaghetti

rīsi

rice

salāti

salad

frī kartupeļi

chips

cepti kartupeļi

fried potatoes

pica

pizza

hamburgers

hamburger

sviestmaize

sandwich

šnicele

cutlet

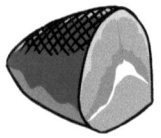

šķiņķis

ham

salami

salami

desa

sausage

vista

chicken

cepetis

roast

zivs

fish

auzu pārslas

porridge oats

muslis

muesli

brokastu pārslas

cornflakes

milti

flour

radziņš

croissant

brokastu maizītes

bread roll

maize

bread

tostermaize

toast

cepumi

biscuits

sviests

butter

biezpiens

curd

kūka

cake

ola

egg

cepta ola

fried egg

siers

cheese

saldējums

ice cream

cukurs

sugar

medus

honey

marmelāde

jam

riekstu krēms

chocolate spread

karijs

curry

zemnieku saimniecība

farm

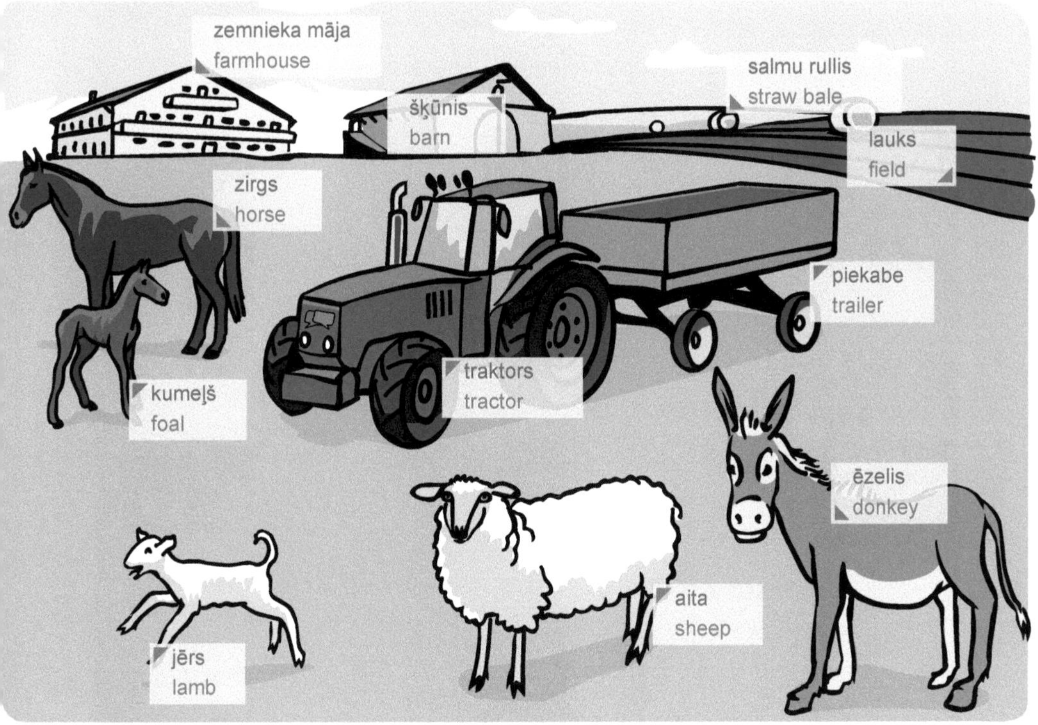
zemnieka māja
farmhouse
šķūnis
barn
salmu rullis
straw bale
lauks
field
zirgs
horse
piekabe
trailer
traktors
tractor
kumeļš
foal
ēzelis
donkey
aita
sheep
jērs
lamb

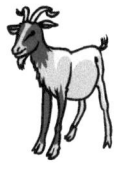

kaza

goat

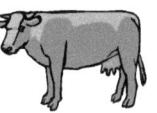

govs

cow

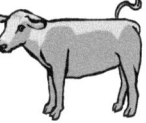

teļš

calf

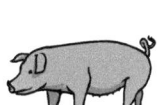

cūka

pig

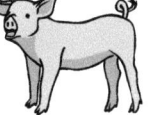

sivēns

piglet

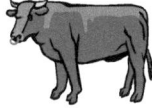

bullis

bull

zoss

goose

pīle

duck

cālis

chick

vista

hen

gailis

cock

žurka

rat

kaķis

cat

pele

mouse

vērsis

ox

suns

dog

suņa būda

doghouse

dārza šļūtene

garden hose

lejkanna

watering can

izkapts

scythe

arkls

plough

sirpis

sickle

kaplis

hoe

mēslu dakša

pitchfork

cirvis

axe

ķerra

wheelbarrow

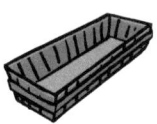

sile

trough

piena kanna

milk can

maiss

sack

žogs

fence

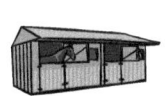

kūts

stable

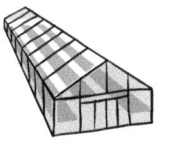

siltumnīca

greenhouse

augsne

soil

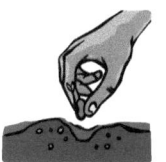

sēklas

seed

mēslojums

fertilizer

kombains

combine harvester

novākt ražu

harvest

raža

harvest

jamss

yams

kvieši

wheat

soja

soy

kartupelis

potato

kukurūza

corn

rapsis

rapeseed

augļu koks

fruit tree

manioka

cassava

labība

cereals

māja
house

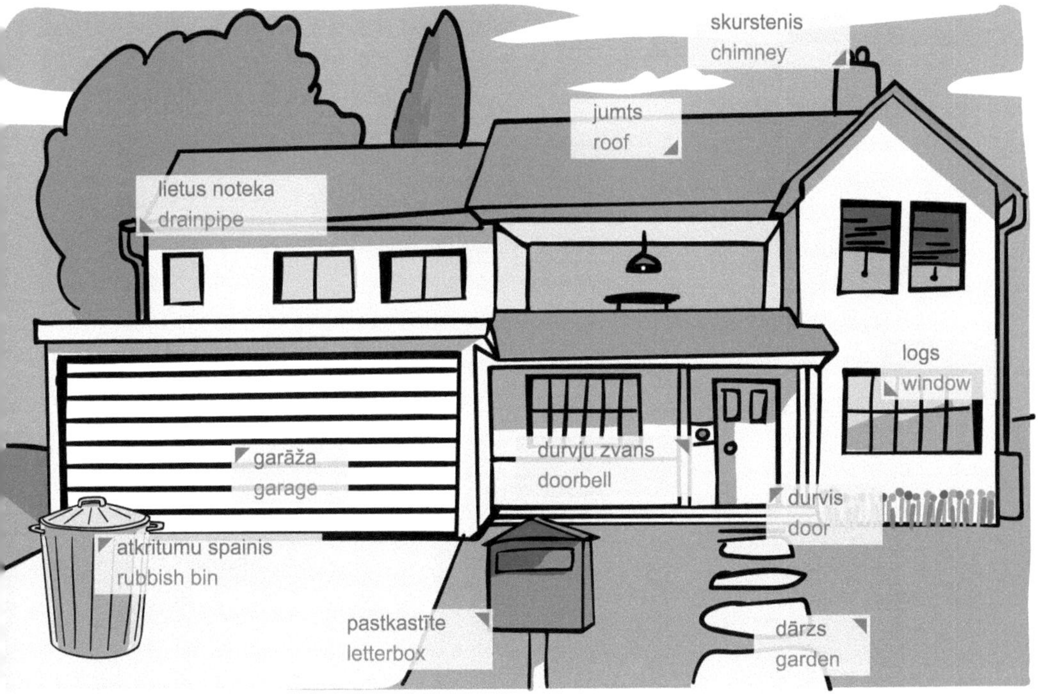

skurstenis
chimney
jumts
roof
lietus noteka
drainpipe
logs
window
garāža
garage
durvju zvans
doorbell
durvis
door
atkritumu spainis
rubbish bin
pastkastīte
letterbox
dārzs
garden

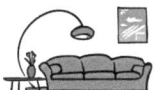

viesistaba

living room

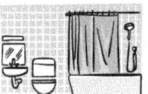

vannas istaba

bathroom

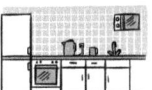

virtuve

kitchen

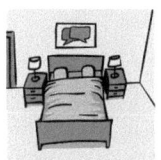

guļamistaba

bedroom

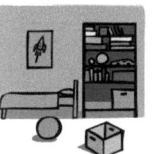

bērnu istaba

child's room

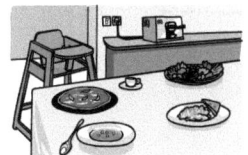

ēdamistaba

dining room

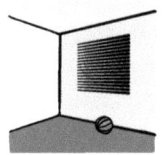

grīda

floor

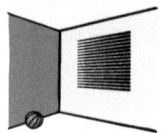

siena

wall

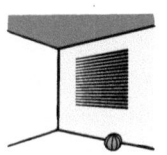

griesti

ceiling

pagrabs

cellar

sauna

sauna

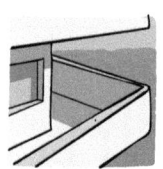

balkons

balcony

terase

terrace

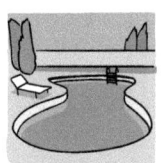

baseins

pool

zāles pļāvējs

lawn mower

gultas veļa

sheet

sega

bedspread

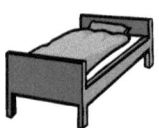

gulta

bed

slota

broom

spainis

bucket

slēdzis

switch

viesistaba
living room

tapetes
wallpaper
attēls
picture
lampa
lamp
plaukts
shelf
skapis
cupboard
televizors
television
kamīns
fireplace
puķe
flower
spilvens
cushion
dīvāns
sofa
vāze
vase
tālvadības pults
remote control

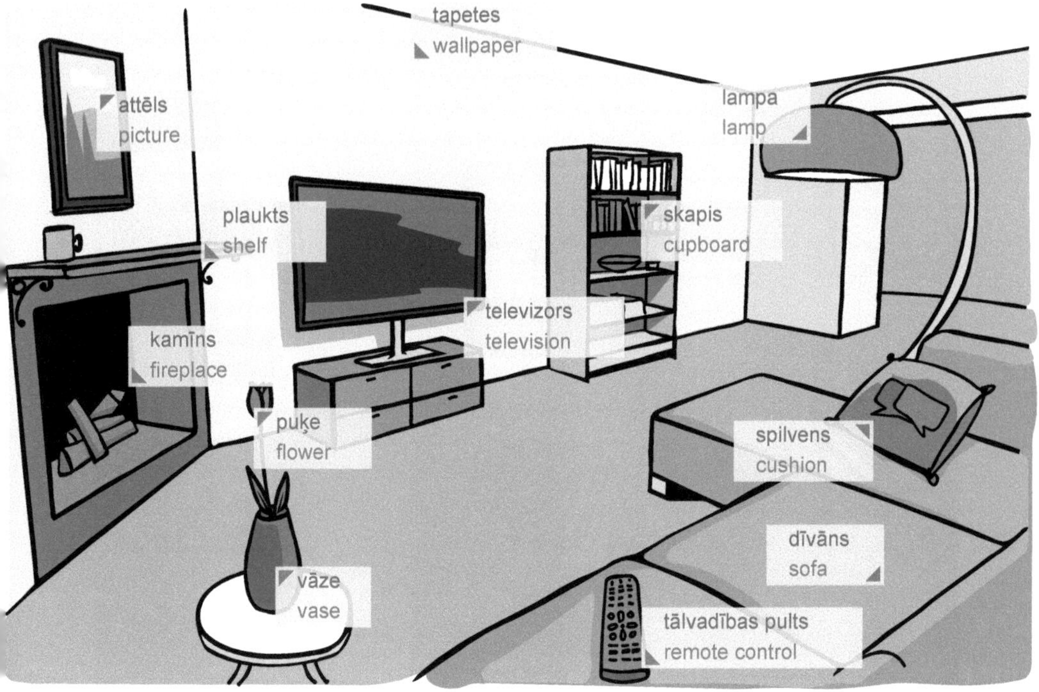

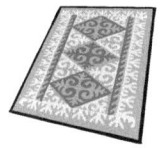

paklājs
carpet

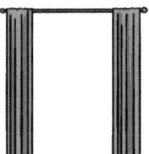

aizkars
curtain

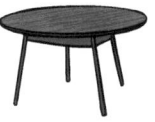

galds
table

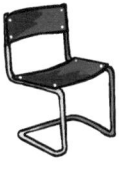

krēsls
chair

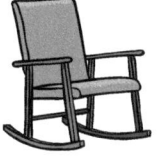

šūpuļkrēsls
rocking chair

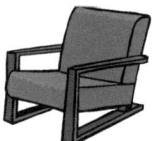

atpūtas krēsls
armchair

grāmata

book

sega

blanket

dekorācija

decoration

malka

firewood

filma

film

mūzikas centrs

hi-fi equipment

atslēga

key

avīze

newspaper

glezna

painting

plakāts

poster

radio

radio

pierakstu blociņš

notepad

putekļu sūcējs

hoover

kaktuss

cactus

svece

candle

virtuve
kitchen

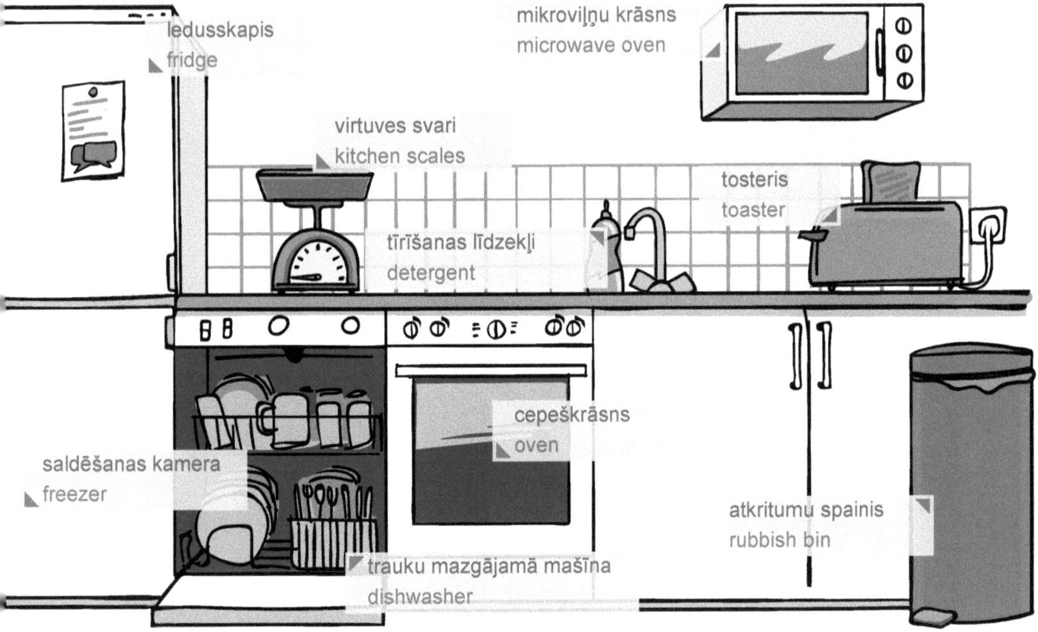
ledusskapis
fridge
mikroviļņu krāsns
microwave oven
virtuves svari
kitchen scales
tosteris
toaster
tīrīšanas līdzekļi
detergent
cepeškrāsns
oven
saldēšanas kamera
freezer
atkritumu spainis
rubbish bin
trauku mazgājamā mašīna
dishwasher

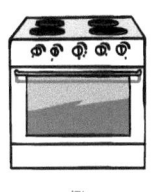

plīts
....
cooker

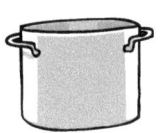

pods
....
pot

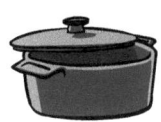

katls
....
cast-iron pot

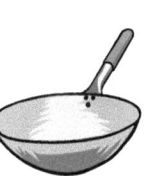

Wok panna
....
wok / kadai

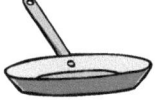

panna
....
pan

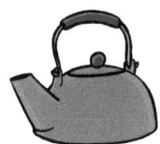

elektriskā tējkanna
....
kettle

tvaika katls

steamer

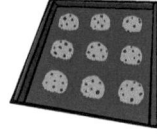

cepešpanna

baking tray

trauki

crockery

krūze

mug

bļoda

bowl

irbulīši

chopsticks

kauss

ladle

lāpstiņa

spatula

putošanas slotiņa

whisk

sietiņš

strainer

siets

sieve

rīve

grater

piesta

mortar

grilēt

barbecue

atklāts pavards

open fire

dēlis

chopping board

mīklas rullis

rolling pin

korķu vilķis

corkscrew

bundža

can

konservu nazis

can opener

virtuves cimdi

pot holder

izlietne

sink

birste

brush

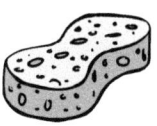

sūklis

sponge

mikseris

blender

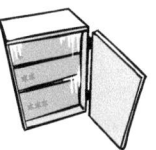

saldētava

deep freezer

bērna pudelīte

baby bottle

ūdenskrāns

tap

vannas istaba

bathroom

apkure
heating
duša
shower
dvielis
towel
dušas aizkari
shower curtain
vannas putas
bubble bath
vanna
bathtub
glāze
glass
veļas mašīna
washing machine
ūdenskrāns
tap
flīzes
tiles
podiņš
potty
izlietne
sink

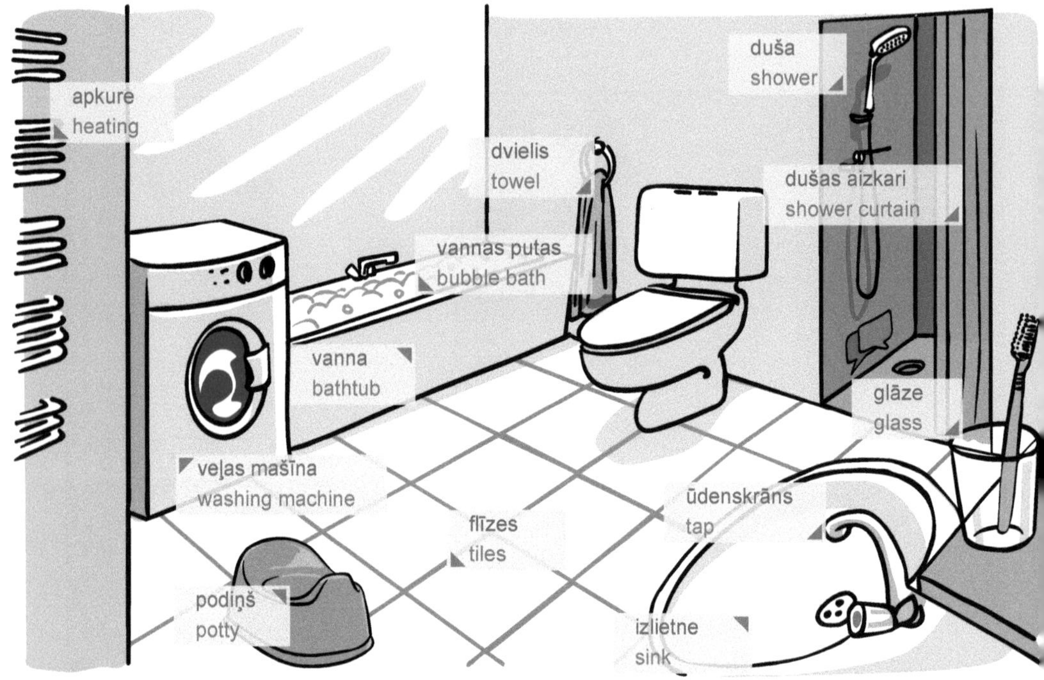

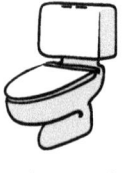

tualetes pods

toilet

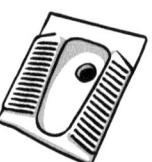

Āzijas tipa tualete

squat toilet

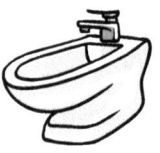

bidē

bidet

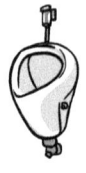

pisuārs

urinal

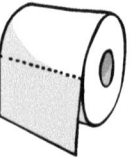

tualetes papīs

toilet paper

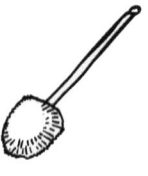

tualetes birste

toilet brush

zobu birste

toothbrush

zobu pasta

toothpaste

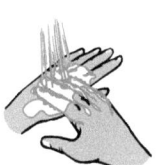

(dental floss image)

zobu diegs

dental floss

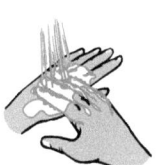

mazgāt

wash

rokas duša

handheld shower

duša

douche

bļoda

basin

muguras mazgāšanas birste

back brush

ziepes

soap

dušas želeja

shower gel

šampūns

shampoo

mazgāšanas drāna

flannel

noteka

drain

krēms

cream

dezodorants

deodorant

spogulis

mirror

spogulītis

hand mirror

skuveklis

razor

skūšanās putas

shaving foam

losjons pēc skūšanās

aftershave

ķemme

comb

matu suka

brush

matu fēns

hair dryer

matu laka

hairspray

grima komplekts

makeup

lūpu krāsa

lipstick

nagulaka

nail varnish

vate

cotton wool

šķērītes

nail scissors

smaržas

perfume

kosmētikas maks

washbag

ķeblītis

stool

svari

weighing scale

halāts

bathrobe

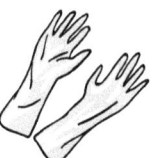

tīrīšanas cimdi

rubber gloves

tampons

tampon

pakete

sanitary towel

ķīmiskā tualete

chemical toilet

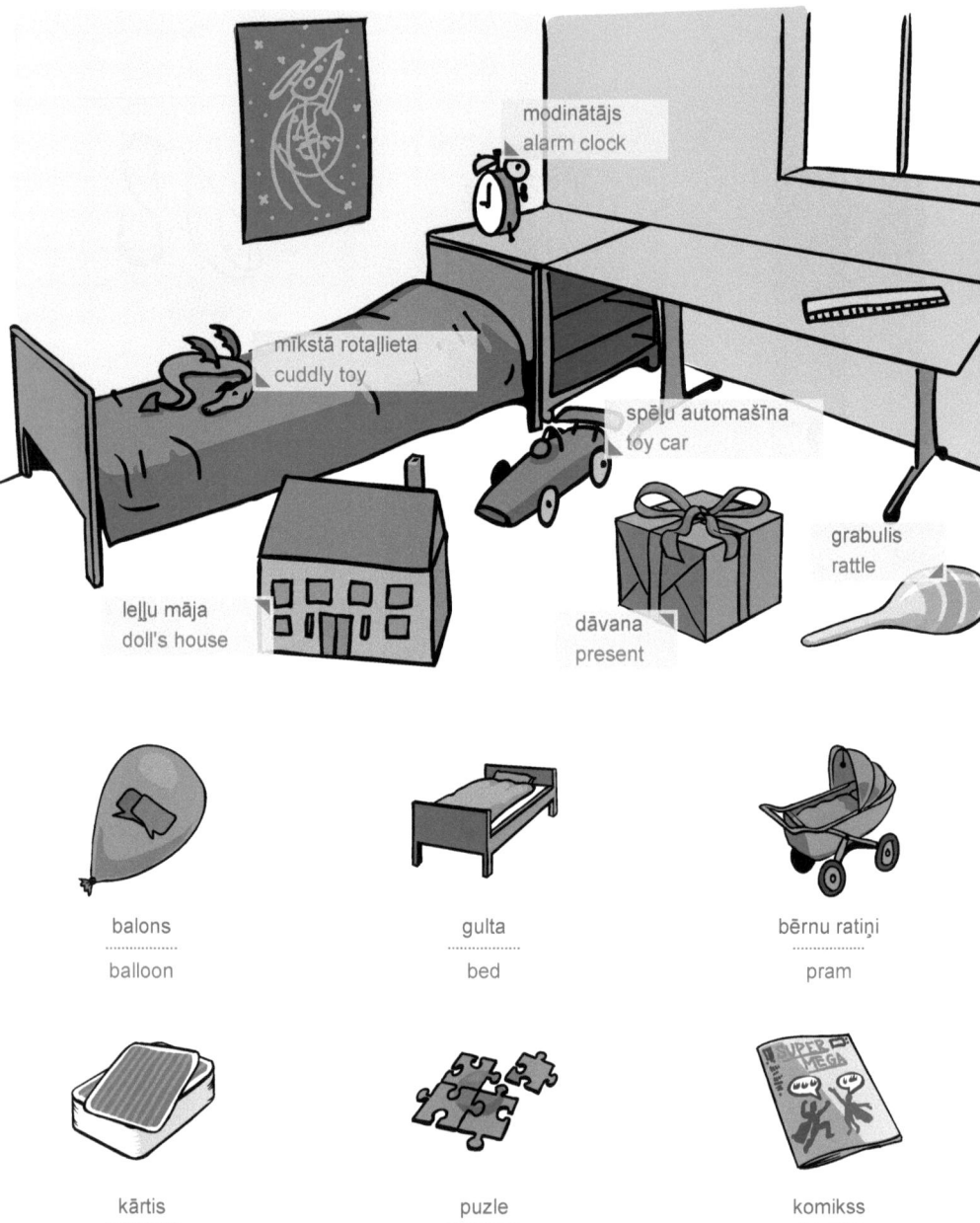

modinātājs
alarm clock

mīkstā rotaļlieta
cuddly toy

spēļu automašīna
toy car

grabulis
rattle

leļļu māja
doll's house

dāvana
present

balons
balloon

gulta
bed

bērnu ratiņi
pram

kārtis
deck of cards

puzle
jigsaw

komikss
comic

LEGO klucīši

lego bricks

klucīši

building blocks

varoņu figūra

action figure

rāpulītis

babygrow

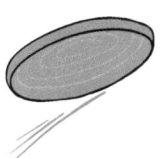

lidojošais šķīvītis

frisbee

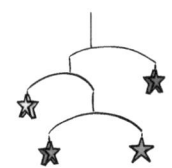

muzikālais karuselis

mobile

galda spēle

board game

metamais kauliņš

dice

rotaļu dzelzceļš

model train set

māneklis

dummy

ballīte

party

bilžu grāmata

picture book

bumba

ball

lelle

doll

spēlēt

play

smilšu kaste

sandpit

šūpoles

swing

rotaļlietas

toys

spēļu konsole

video game console

trīsritenis

tricycle

plīša lācītis

teddy bear

drēbju skapis

wardrobe

apģērbs
clothing

īszeķes

socks

zeķes

stockings

zeķbikses

tights

šalle
scarf

siksna
belt

lietussargs
umbrella

T-krekls
t-shirt

botas
trainers

zābaks
boots

čības
slippers

sandales

sandals

kurpes

shoes

gumijas zābaki

rubber boots

apakšbikses

underpants

krūšturis

bra

apakškrekls

vest

apģērbs - clothing

bodijs

body

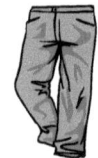

bikses

trousers

džinsi

jeans

svārki

skirt

blūze

blouse

krekls

shirt

pulovers

pullover

džemperis

hoodie

žakete

blazer

jaka

jacket

mētelis

coat

lietus mētelis

raincoat

kostīms

costume

kleita

dress

kāzu kleita

wedding dress

uzvalks

suit

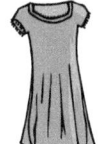

naktskrekls

nightgown

pidžama

pyjamas

sari

sari

lakats

headscarf

turbāns

turban

burka

burqa

kaftāns

kaftan

abaja

abaya

peldkostīms

swimsuit

peldbikses

trunks

šorti

shorts

treniņtērps

tracksuit

priekšauts

apron

cimdi

gloves

poga

button

brilles

glasses

rokassprādze

bracelet

kaklarota

necklace

gredzens

ring

auskars

earring

cepure

cap

drēbju pakaramais

coat hanger

platmale

hat

kaklasaite

tie

rāvējslēdzējs

zip

ķivere

helmet

bikšturi

braces

skolas forma

school uniform

uniforma

uniform

apģērbs - clothing

priekšautiņš
....
bib

māneklis
....
dummy

autiņbiksītes
....
nappy

birojs
office

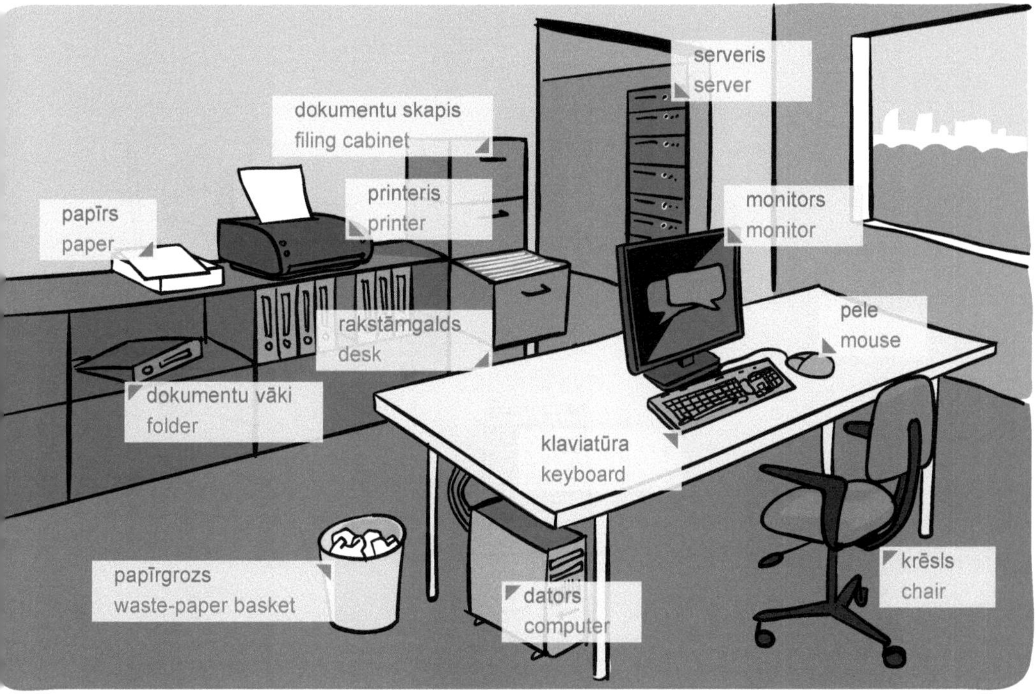

dokumentu skapis
filing cabinet

serveris
server

papīrs
paper

printeris
printer

monitors
monitor

rakstāmgalds
desk

pele
mouse

dokumentu vāki
folder

klaviatūra
keyboard

papīrgrozs
waste-paper basket

dators
computer

krēsls
chair

kafijas krūze
....
coffee mug

kalkulators
....
calculator

internets
....
internet

portatīvais dators
laptop

vēstule
letter

ziņa
message

mobilais tālrunis
mobile

tīkls
network

kopētājs
photocopier

programmatūra
software

telefons
telephone

rozete
plug socket

faksa aparāts
fax machine

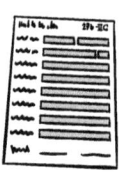

formulārs
form

dokuments
document

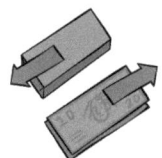

pirkt

buy

samaksāt

pay

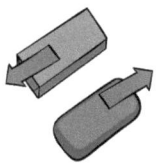

tirgot

trade

nauda

money

dolārs

dollar

eiro

euro

jēna

yen

rublis

rouble

franks

Swiss franc

juaņa renminbi

renminbi yuan

rūpija

rupee

bankomāts

cashpoint

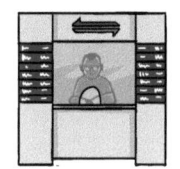

valūtas maiņas punkts

bureau de change

zelts

gold

sudrabs

silver

nafta

oil

enerģija

energy

cena

price

līgums

contract

nodoklis

tax

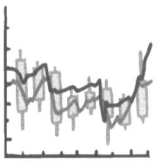

akcija

stock

strādāt

work

darbinieks

employee

darba devējs

employer

fabrika

factory

veikals

shop

profesijas
occupations

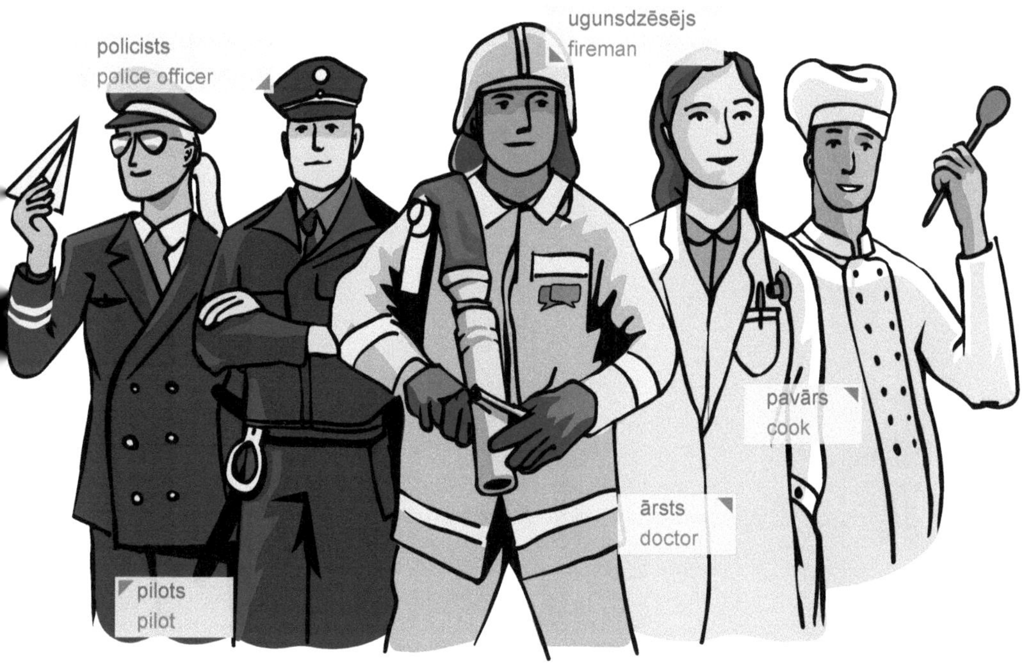
policists
police officer
ugunsdzēsējs
fireman
pavārs
cook
ārsts
doctor
pilots
pilot

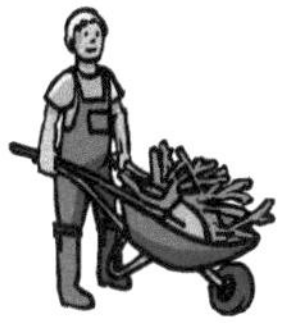

dārznieks

gardener

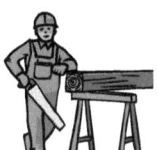

galdnieks

carpenter

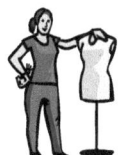

šuvēja

seamstress

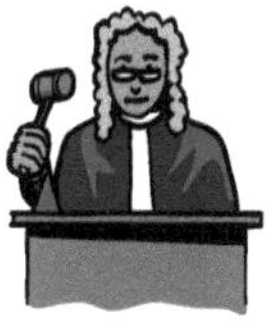

tiesnesis

judge

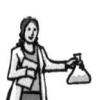

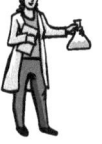

ķīmiķis

chemist

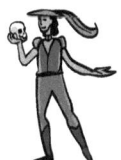

aktieris

actor

autobusa vadītājs

bus driver

taksometra vadītājs

taxi driver

zvejnieks

fisherman

apkopēja

cleaning lady

jumiķis

roofer

viesmīlis

waiter

mednieks

hunter

gleznotājs

painter

maiznieks

baker

elektriķis

electrician

celtnieks

builder

inženieris

engineer

miesnieks

butcher

skārdnieks

plumber

pastnieks

postman

karavīrs

soldier

arhitekts

architect

kasieris

cashier

florists

florist

frizieris

hairdresser

konduktors

conductor

mehāniķis

mechanic

kapteinis

captain

zobārsts

dentist

zinātnieks

scientist

rabīns

rabbi

imāms

imam

mūks

monk

mācītājs

clergyman

instrumenti

tools

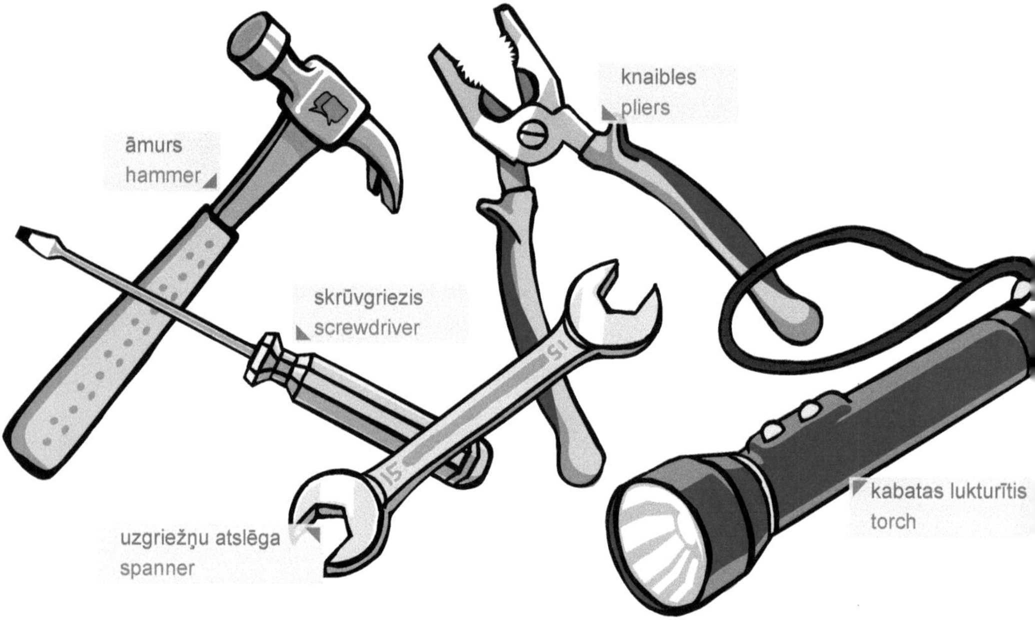

āmurs
hammer
knaibles
pliers
skrūvgriezis
screwdriver
kabatas lukturītis
torch
uzgriežņu atslēga
spanner

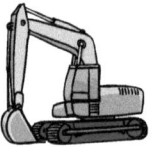

ekskavators

digger

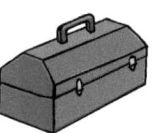

instrumentu kaste

toolbox

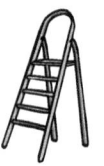

kāpnes

ladder

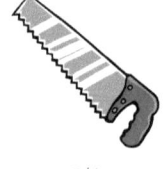

zāģis

saw

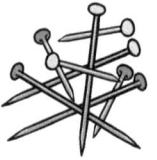

naglas

nails

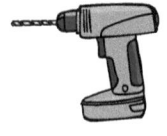

urbis

drill

remontēt
repair

lāpsta
shovel

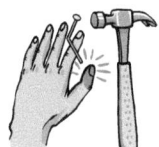

Velns!
Damn!

liekšķere
dustpan

krāsas bundža
paint pot

skrūves
screws

mūzikas instrumenti
musical instruments

skaļrunis
loudspeaker

bungas
drum kit

ģitāra
guitar

kontrabass
double bass

trompete
trumpet

klavieres

piano

vijole

violin

bass

bass

timpāni

timpani

bungas

drums

digitālās klavieres

keyboard

saksofons

saxophone

flauta

flute

mikrofons

microphone

zooloģiskais dārzs

zoo

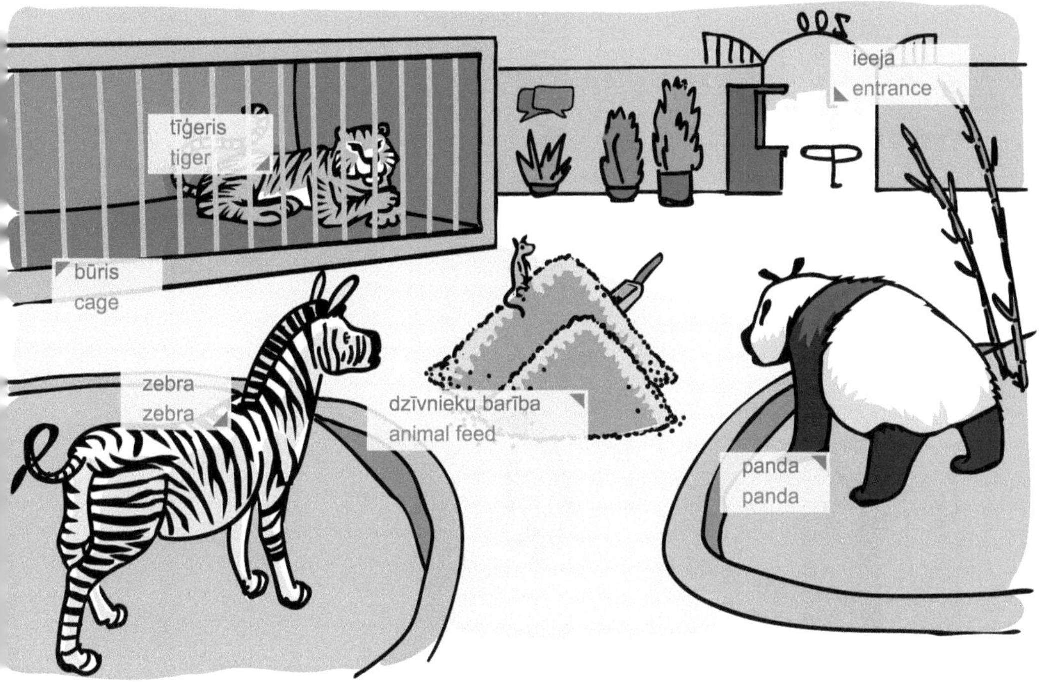

ieeja
entrance
tīģeris
tiger
būris
cage
zebra
zebra
dzīvnieku barība
animal feed
panda
panda

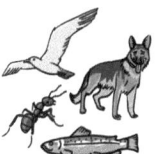

dzīvnieki

animals

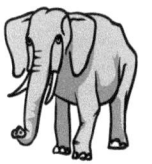

zilonis

elephant

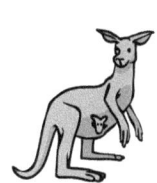

ķengurs

kangaroo

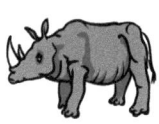

degunradzis

rhino

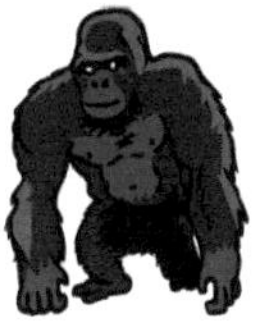

gorilla

gorilla

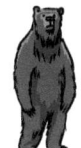

lācis

bear

kamielis

camel

strauss

ostrich

lauva

lion

pērtiķis

monkey

flamings

flamingo

papagailis

parrot

polārlācis

polar bear

pingvīns

penguin

haizivs

shark

pāvs

peacock

čūska

snake

krokodils

crocodile

zoodārza sargs

zookeeper

ronis

seal

jaguārs

jaguar

ponijs

pony

leopards

leopard

nīlzirgs

hippo

žirafe

giraffe

ērglis

eagle

meža cūka

boar

zivs

fish

bruņurupucis

turtle

valzirgs

walrus

lapsa

fox

gazele

gazelle

amerikāņu futbols
American football

riteņbraukšana
cycling

teniss
tennis

basketbols
basketball

peldēšana
swimming

bokss
boxing

hokejs
ice hockey

futbols
football

badmintons
badminton

vieglatlētika
athletics

rokas bumba
handball

slēpošana
skiing

polo
polo

darbības
activities

smieties
laugh
lēkt
jump
apskaut
hug
iet
walk
dziedāt
sing
sapņot
dream
lūgt
pray
skūpstīt
kiss

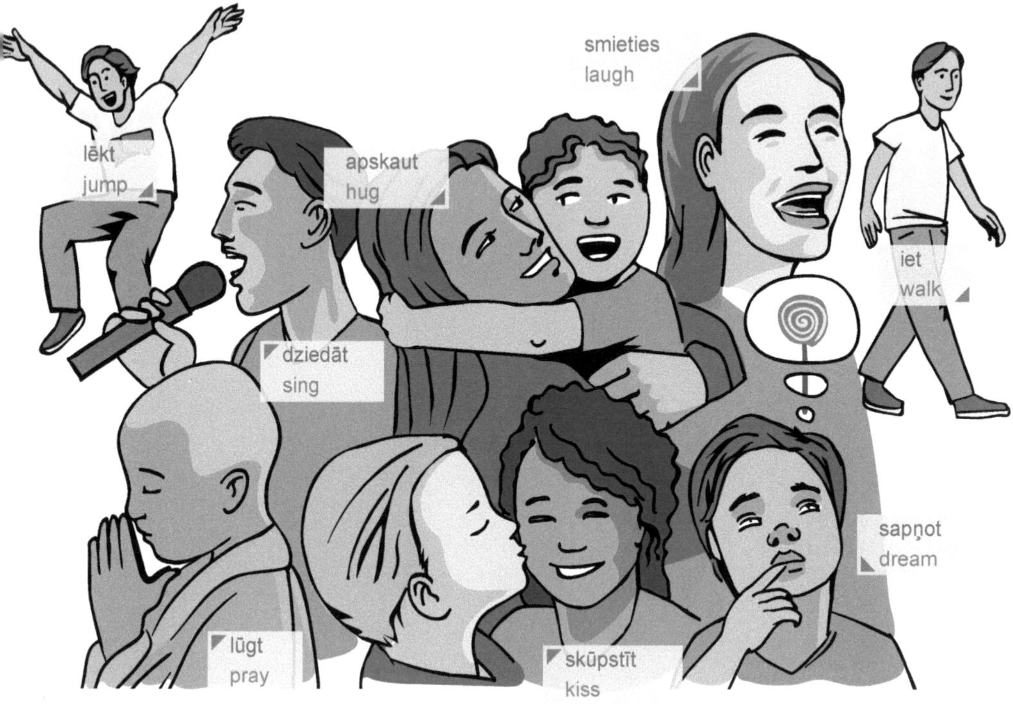

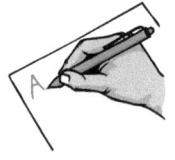

rakstīt

write

zīmēt

draw

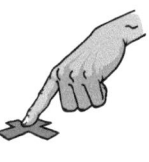

rādīt

show

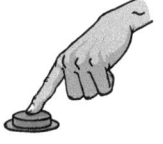

spiest

push

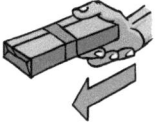

dot

give

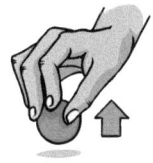

ņemt

take

būt

have

darīt

do

būt

be

stāvēt

stand

skriet

run

vilkt

pull

mest

throw

krist

fall

gulēt

lie

gaidīt

wait

nest

carry

sēdēt

sit

uzģērbt

get dressed

gulēt

sleep

pamosties

wake up

skatīties

look at

raudāt

cry

glāstīt

stroke

ķemmēt

comb

runāt

talk

saprast

understand

jautāt

ask

dzirdēt

listen

dzert

drink

ēst

eat

sakārtot

tidy up

mīlēt

love

vārīt

cook

braukt

drive

lidot

fly

burot

sail

rēķināt

calculate

lasīt

read

mācīties

learn

strādāt

work

precēties

marry

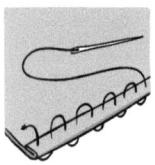

šūt

sew

tīrīt zobus

brush teeth

nogalināt

kill

smēķēt

smoke

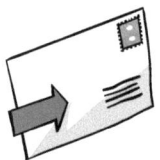

sūtīt

send

ģimene
family

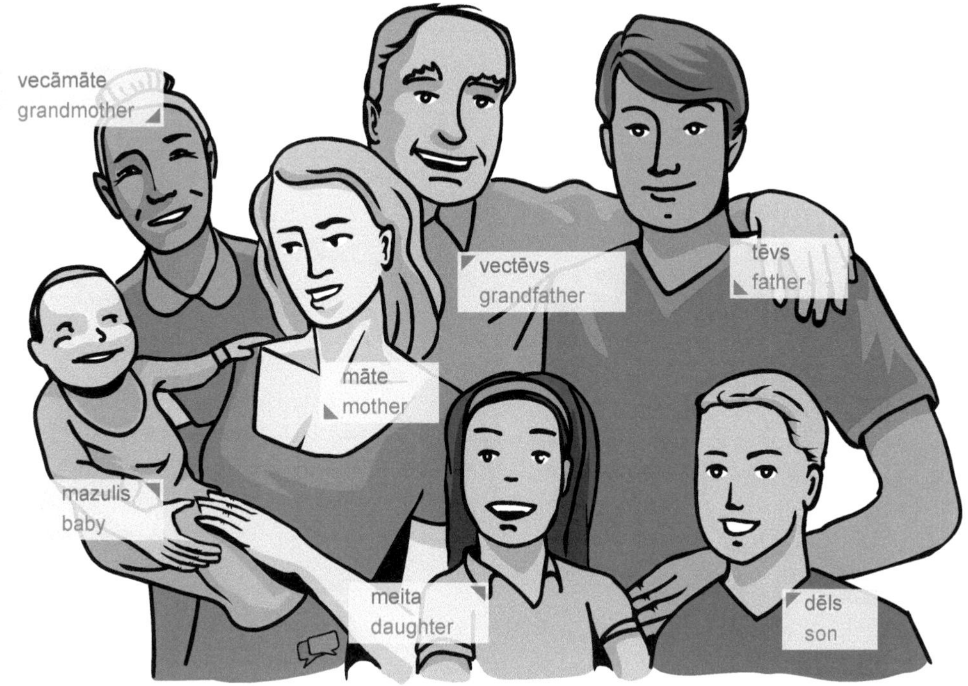

vecāmāte
grandmother
vectēvs
grandfather
tēvs
father
māte
mother
mazulis
baby
meita
daughter
dēls
son

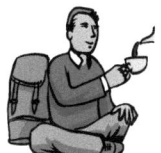

viesis

guest

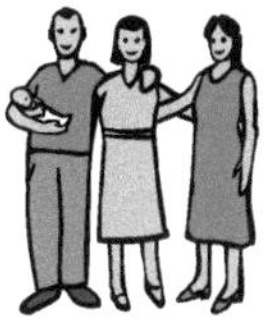

tante

aunt

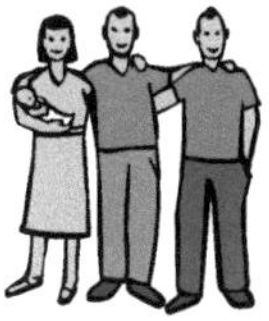

onkulis

uncle

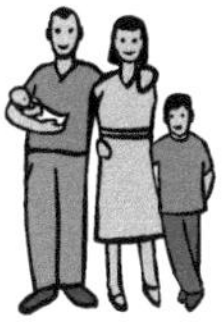

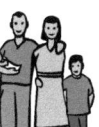

brālis

brother

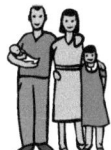

māsa

sister

ķermenis
body

piere
forehead
acs
eye
plecs
shoulder
pirksts
finger
seja
face
zods
chin
roka
hand
kāja
leg
krūtis
breast
roka
arm

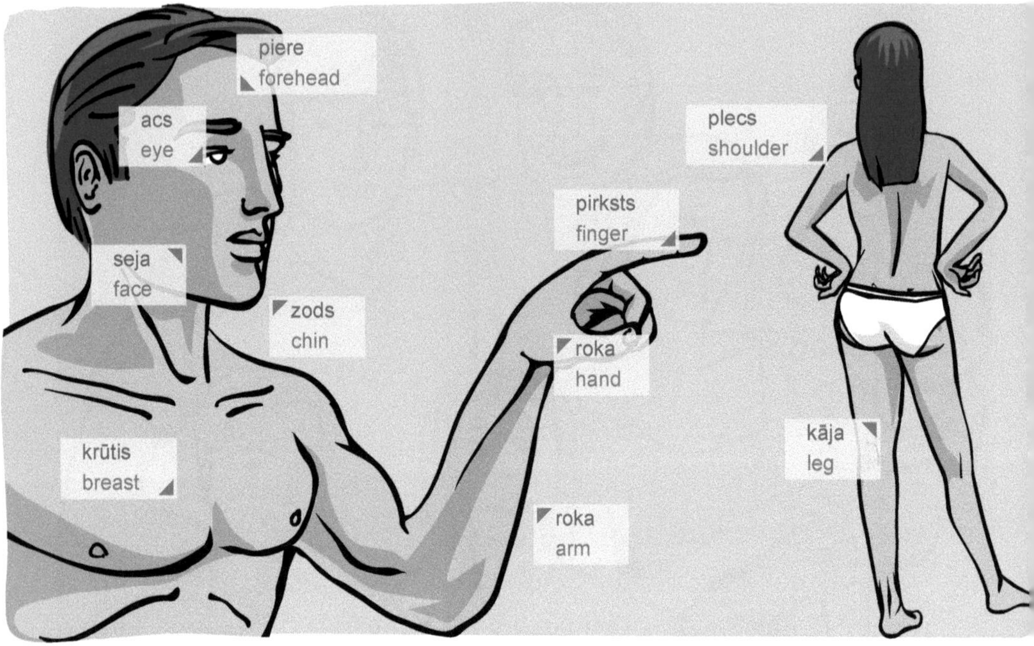

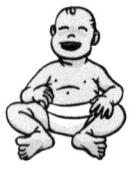

mazulis

baby

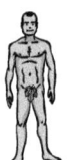

vīrietis

man

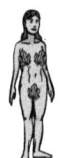

sieviete

woman

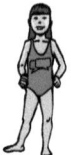

meitene

girl

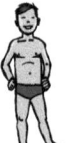

zēns

boy

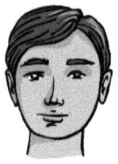

galva

head

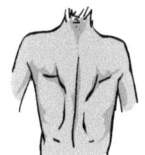

mugura

back

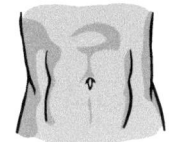

vēders

belly

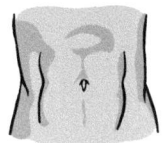

naba

belly button

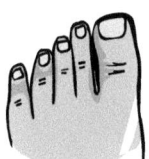

kājas pirksts

toe

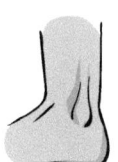

papēdis

heel

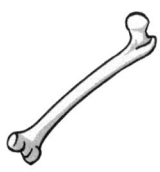

kauls

bone

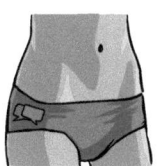

gurns

hip

celis

knee

elkonis

elbow

deguns

nose

dibens

bottom

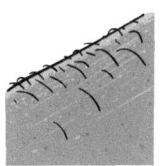

āda

skin

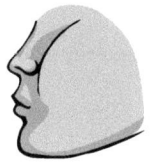

vaigs

cheek

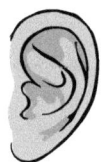

auss

ear

lūpa

lip

ķermenis - body

mute

mouth

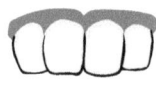

zobs

tooth

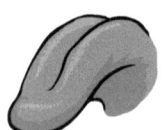

mēle

tongue

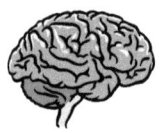

smadzenes

brain

sirds

heart

muskulis

muscle

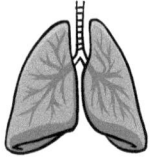

plaušas

lung

aknas

liver

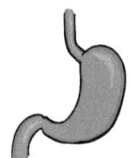

kuņģis

stomach

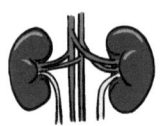

nieres

kidneys

dzimumakts

sex

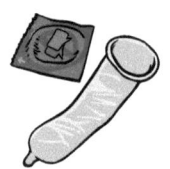

kondoms

condom

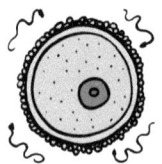

olšūna

ovum

sperma

semen

grūtniecība

pregnancy

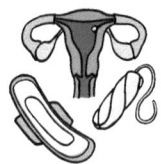

menstruācijas

menstruation

vagīna

vagina

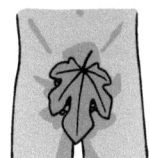

penis

penis

uzacs

eyebrow

mati

hair

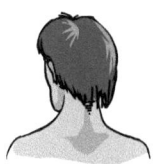

kakls

neck

slimnīca
hospital

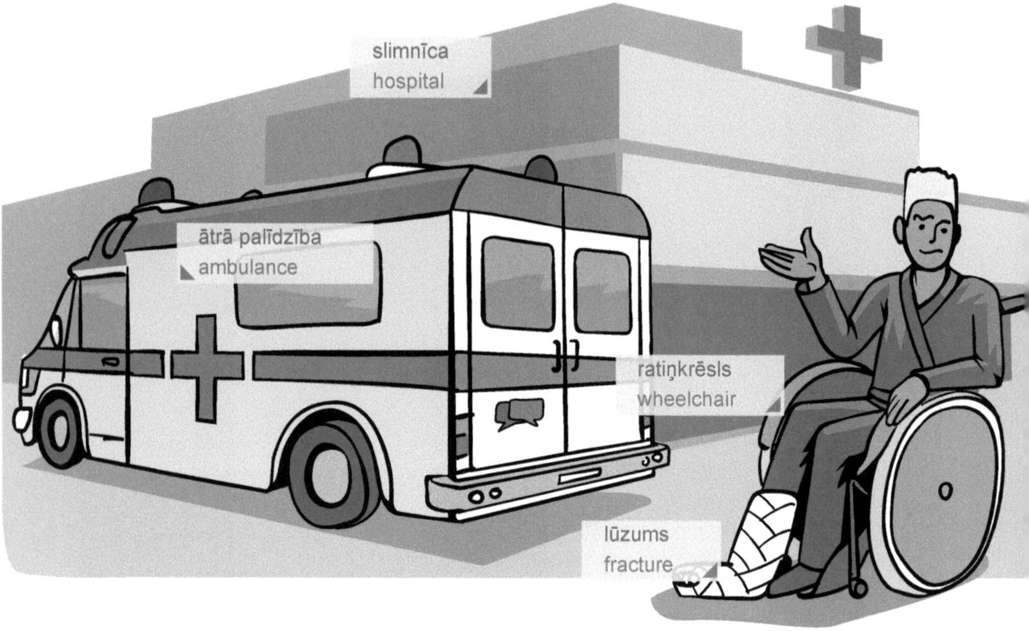

slimnīca
hospital
ātrā palīdzība
ambulance
ratiņkrēsls
wheelchair
lūzums
fracture

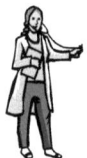

ārsts

doctor

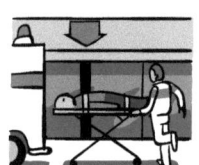

neatliekamās palīdzības nodaļa

emergency room

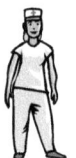

medmāsa

nurse

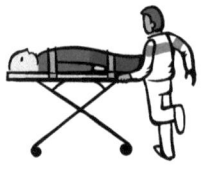

ārkārtas gadījums

emergency

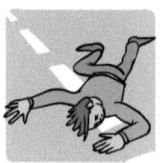

paģībis

unconscious

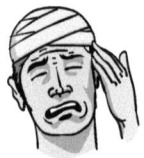

sāpes

pain

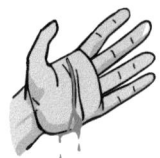

ievainojums

injury

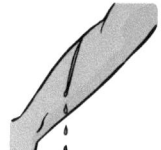

asiņošana

bleeding

sirdslēkme

heart attack

insults

stroke

alerģija

allergy

klepus

cough

temperatūra

fever

gripa

flu

caureja

diarrhoea

galvassāpes

headache

vēzis

cancer

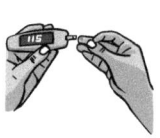

diabēts

diabetes

ķirurgs

surgeon

skalpelis

scalpel

operācija

operation

datortomogrāfija

CT

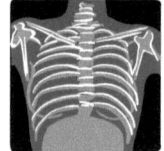

rentgents

x-ray

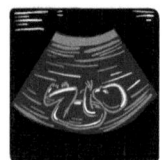

ultraskaņa

ultrasound

sejas maska

face mask

slimība

disease

uzgaidāmā telpa

waiting room

kruķis

crutch

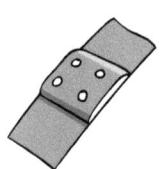

plāksteris

plaster

apsējs

bandage

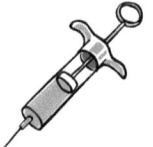

injekcija

injection

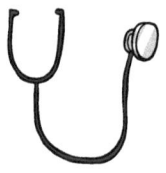

stetoskops

stethoscope

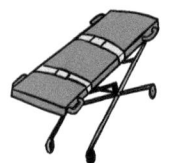

nestuves

stretcher

termometrs

clinical thermometer

dzemdības

birth

liekais svars

overweight

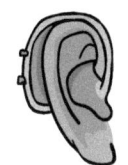

dzirdes aparāts

hearing aid

dezinfekcijas līdzeklis

disinfectant

infekcija

infection

vīruss

virus

HIV / AIDS

HIV / AIDS

zāles

medicine

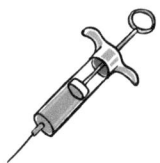

pote

vaccination

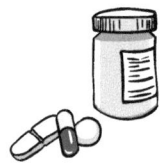

tabletes

tablets

pretapaugļošanās tablete

pill

ārkārtas izsaukums

emergency call

asinsspiediena mērītājs

blood pressure monitor

slims / vesels

ill / healthy

Palīgā!

Help!

trauksme

alarm

uzbrukums

assault

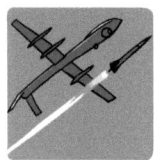

uzbrukums

attack

bīstamība

danger

avārijas izeja

emergency exit

Uguns!

Fire!

ugunsdzēšamais aparāts

fire extinguisher

negadījums

accident

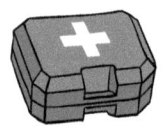

pirmās palīdzības aptieciņa

first-aid kit

SOS

SOS

policija

police

Eiropa

Europe

Ziemeļamerika

North America

Dienvidamerika

South America

Āfrika

Africa

Āzija

Asia

Austrālija

Australia

Atlantijas okeāns

Atlantic

Klusais okeāns

Pacific

Indijas okeāns

Indian Ocean

Dienvidu okeāns

Antarctic Ocean

Ziemeļu ledus okeāns

Arctic Ocean

Ziemeļpols

North Pole

Dienvidpols

South Pole

Antarktika

Antarctica

zeme

Earth

zeme

land

jūra

sea

sala

island

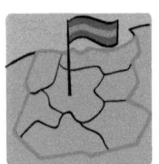

nācija

nation

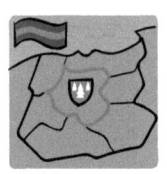

valsts

state

ciparnīca

clock face

stundu rādītājs

hour hand

minūšu rādītājs

minute hand

sekunžu rādītājs

second hand

Cik ir pulkstenis?

What time is it?

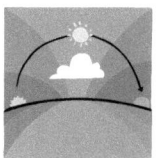

diena

day

laiks

time

tagad

now

digitālais pulkstenis

digital watch

minūte

minute

stunda

hour

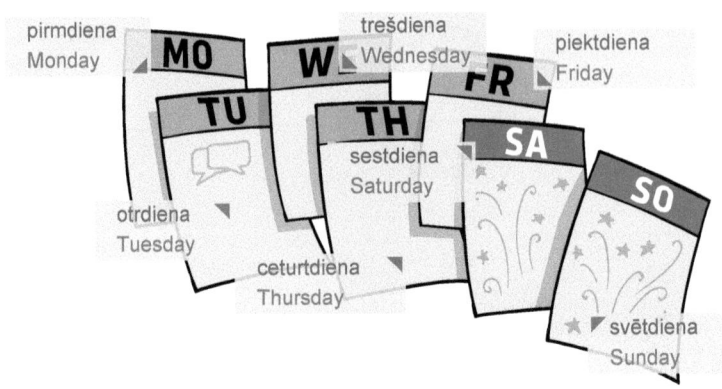

pirmdiena / Monday
otrdiena / Tuesday
trešdiena / Wednesday
ceturtdiena / Thursday
piektdiena / Friday
sestdiena / Saturday
svētdiena / Sunday

vakardien

yesterday

šodien

today

rītdien

tomorrow

rīts

morning

pusdienlaiks

noon

vakars

evening

MO	TU	WE	TH	FR	SA	SU
1	2	3	4	5	6	7
8	9	10	11	12	13	14
15	16	17	18	19	20	21
22	23	24	25	26	27	28
29	30	31	1	2	3	4

darbadienas

business days

MO	TU	WE	TH	FR	SA	SU
1	2	3	4	5	6	7
8	9	10	11	12	13	14
15	16	17	18	19	20	21
22	23	24	25	26	27	28
29	30	31	1	2	3	4

brīvdienas

weekend

gads

year

lietus
rain
varavīksne
rainbow
sniegs
snow
vējš
wind
pavasaris
spring
vasara
summer
rudens
autumn
ziema
winter

4.APRIL 11°
5.APRIL 4°
6.APRIL 13°
7.APRIL 8°
8.APRIL 10°

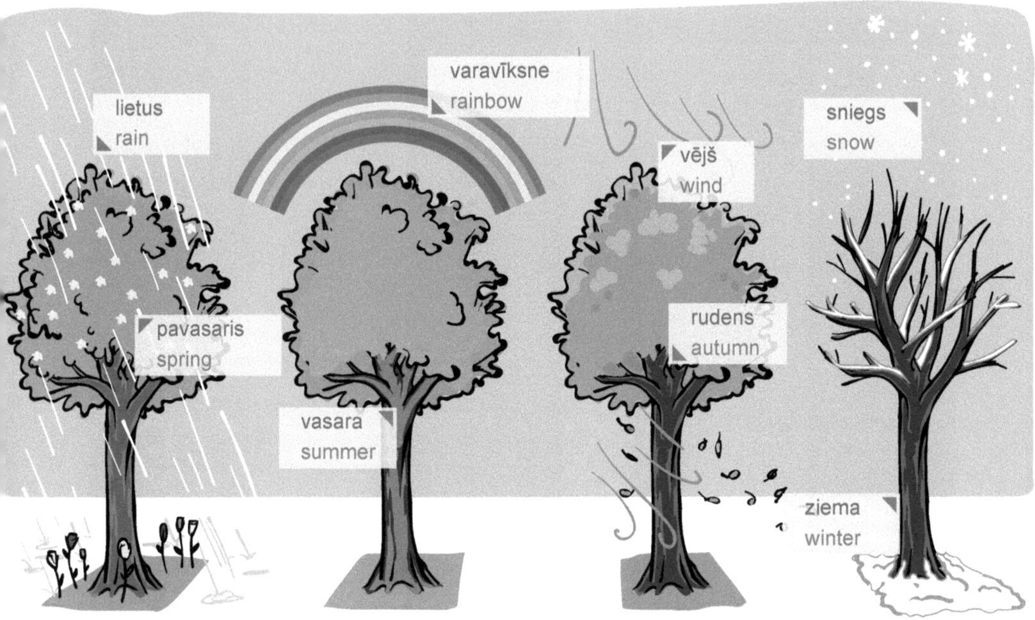

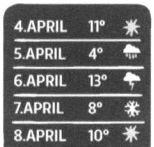

laika prognoze

weather forecast

F C
120 40
90 30
60 20
30 10
0 0
-30 -10
-20

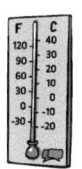

termometrs

thermometer

saules gaisma

sunshine

mākonis

cloud

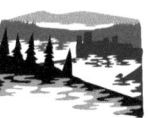

migla

fog

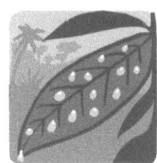

gaisa mitrums

humidity

zibens

lightning

pērkons

thunder

vētra

storm

krusa

hail

musons

monsoon

plūdi

flood

ledus

ice

janvāris

January

februāris

February

marts

March

aprīlis

April

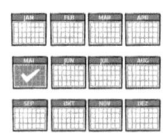

maijs

May

jūnijs

June

jūlijs

July

augusts

August

gads - year

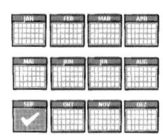

septembris

September

oktobris

October

novembris

November

decembris

December

formas

shapes

aplis

circle

kvadrāts

square

četrstūris

rectangle

trīsstūris

triangle

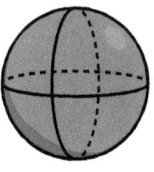

lode

sphere

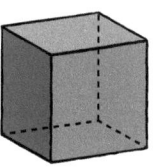

kubs

cube

balts

white

dzeltens

yellow

oranžs

orange

sārts

pink

sarkans

red

lillā

purple

zils

blue

zaļš

green

brūns

brown

pelēks

grey

melns

black

daudz / maz

a lot / a little

saniknots / miermīlīgs

angry / calm

skaists / neglīts

beautiful / ugly

sākums / beigas

beginning / end

liels / mazs

big / small

gaišs / tumšs

bright / dark

brālis / māsa

brother / sister

tīrs / netīrs

clean / dirty

pilnīgs / nepilnīgs

complete / incomplete

diena / nakts

day / night

miris / dzīvs

dead / alive

plats / šaurs

wide / narrow

baudāms / nebaudāms

edible / inedible

nikns / laipns

evil / kind

satraukts / garlaikots

excited / bored

resns / tievs

fat / thin

pirmais /pēdējais

first / last

draugs / ienaidnieks

friend / enemy

pilns / tukšs

full / empty

ciets / mīksts

hard / soft

smags / viegls

heavy / light

izsalkums / slāpes

hunger / thirst

slims / vesels

ill / healthy

nelegāls / legāls

illegal / legal

inteliģents / dumjš

intelligent / stupid

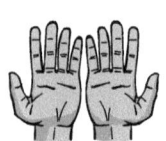

kreisais / labais

left / right

tuvu / tālu

near / far

jauns / lietots

new / used

nekas / kaut kas

nothing / something

vecs / jauns

old / young

ieslēgts / izslēgts

on / off

atvērts / slēgts

open / closed

kluss / skaļš

quiet / loud

bagāts / nabags

rich / poor

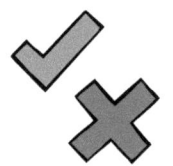

pareizi / nepareizi

right / wrong

raupjš / gluds

rough / smooth

noskumis / laimīgs

sad / happy

īss / garš

short / long

lēns / ātrs

slow / fast

slapjš / sauss

wet / dry

silts / vēss

warm / cool

karš / miers

war / peace

pretstati - opposites

0

nulle

zero

1

viens

one

2

divi

two

3

trīs

three

4

četri

four

5

pieci

five

6

seši

six

7

septiņi

seven

8

astoņi

eight

9

deviņi

nine

10

desmit

ten

11

vienpadsmit

eleven

12

divpadsmit

twelve

13

trīspadsmit

thirteen

14

četrpadsmit

fourteen

15

piecpadsmit

fifteen

16

sešpadsmit

sixteen

17

septiņpadsmit

seventeen

18

astoņpadsmit

eighteen

19

deviņpadsmit

nineteen

20

divdesmit

twenty

100

simts

hundred

1.000

tūkstotis

thousand

1.000.000

miljons

million

languages

anglu

English

amerikāņu anglu

American English

ķīniešu mandarīnu valoda

Chinese Mandarin

hindi

Hindi

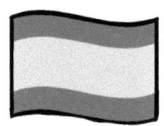

spāņu

Spanish

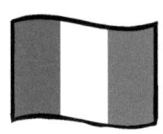

franču

French

arābu

Arabic

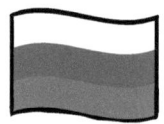

krievu

Russian

portugāļu

Portuguese

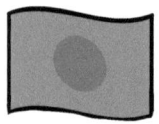

bengāļu

Bengali

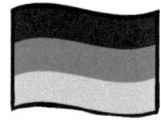

vācu

German

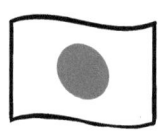

japāņu

Japanese

es

I

tu

you

viņš / viņa

he / she / it

mēs

we

jūs

you

viņi / viņas

they

kas?

who?

ko?

what?

kā?

how?

kur?

where?

kad?

when?

vārds

name

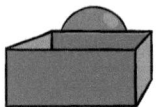

aiz

behind

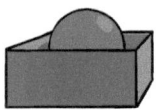

iekšā

in

priekšā

in front of

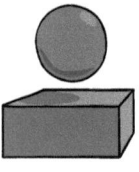

virs

over

uz

on

zem

under

blakus

beside

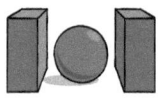

starp

between

vieta

place